사이언스 아이 04

춤추는 지하 세계

사이언스 아이 04
춤추는 지하 세계

글 맥밀란교육연구소 · 브로닌 타이누이 | 그림 오승원 | **옮김** 최수희
감수 권홍진 · 박호준 | **과학자 캐리커처** 최상규

초판 1판 1쇄 인쇄 2009년 10월 20일
초판 1판 1쇄 발행 2009년 10월 30일

펴낸이 김영곤
개발부문장 이유남 | **책임개발** 탁수진, 강설애 | **기획개발** 배소라, 권은아, 박현주
마케팅 김보미, 배은하 | **영업** 이희영, 김태균, 정원지
디자인 간텍스트, 금동이책 | **구성 · 편집** 금동이책

펴낸곳 (주)북이십일 을파소
출판등록 2005년 5월 6일 제10-1965호
주소 경기도 파주시 교하읍 문발리 파주출판정보산업단지 518-3(413-756)
연락처 031-955-2723(마케팅) 031-955-2198(기획편집) 031-955-2177(팩스)
이메일 eulpaso@book21.co.kr
홈페이지 http://www.book21.com

그림 ⓒ 오승원, 2009

값 9,500원
ISBN 978-89-509-2028-9 74400
    978-89-509-2061-6(세트)

잘못된 책은 구입하신 서점에서 바꾸어 드립니다.

Rumbling Beneath the Surface
ⓒ Macmillan Education Australia / Bronwyn Tainui, 2007
This edition of Rumbling Beneath the Surface is published by arrangement with Macmillan Education Australia.

Korean Translation Edition Copyright ⓒ 2009 by Book21 Publishing Group, Eulpaso. All rights reserved.
Korean translation edition is published by arrangement with Macmillan Education Australia through PK Agency, Korea.

이 책의 한국어판 저작권은 PK Agency를 통해 Macmilan Education Australia와 독점 계약한 (주)북이십일 을파소에 있습니다. 저작권법에 따라 한국 내에서 보호를 받는 저작물이므로 무단 전재와 복제를 금합니다.

사이언스 아이 04

춤추는 지하 세계

글 맥밀란교육연구소 · 브로닌 타이누이 **그림** 오승원

을파소

감수자의 말

'과학의 눈'을 떠 보세요
세상이 다르게 보일 거예요

1666년 영국의 작은 시골.
한 청년이 사과나무 앞에서 골똘히 생각에 잠겨 있었습니다.
청년의 발 앞에는 방금 나무에서 떨어진 사과 하나가 놓여 있었습니다.
"사과는 왜 옆이나 위로 날아가지 않고 늘 아래로만 떨어질까?"
청년은 이렇게 물었습니다. 정말 우스운 질문이지요?

그 청년의 이름이 바로 아이작 뉴턴입니다.
뉴턴은 이 질문을 쉬지 않고 탐구해 나간 끝에
근대 과학의 문을 연 '만유인력의 법칙'을 발견하였습니다.

사과가 떨어지는 것을 본 사람은
뉴턴 이전에도 수없이 많았을 것입니다.
그런데 왜 유독 뉴턴만 사과가 떨어지는 것에 의문을 품었을까요?
그것은 단지 뉴턴이 천재여서가 아니랍니다.
다른 사람이 갖지 못한 '과학의 눈'을 뉴턴은 갖고 있었기 때문입니다.

'과학의 눈'으로 사과를 바라보자
이제껏 당연하게 여겼던 사실들이 새로이 보이기 시작합니다.

그리고 질문이 꼬리를 물고 이어집니다.
"사과가 땅에 떨어지는 것은 지구가 사과를 잡아당겨서 그런 것이다.
그렇다면 왜 하늘의 달은 땅으로 떨어지지 않는 것일까?"
이런 식으로 계속 질문을 던지고 연구하는 과정에서
뉴턴은 만유인력의 법칙에 다다르게 된 것입니다.

여러분은 '과학의 눈'으로 주변 세계를 살펴본 경험이 있나요?
"화산은 왜 폭발할까?", "나의 생김새는 어디서 온 것일까?"
"구름은 어떻게 만들어질까?" 하는 식으로 질문하기 시작했다면
여러분은 이미 꼬마 뉴턴이 된 것이나 다름없습니다.

그 질문들에 대한 답을 이 책 〈사이언스 아이〉에서 함께 찾아봅시다.
기억하세요. 이 시리즈를 다 읽은 여러분이 받게 될 선물은
시시콜콜한 과학 지식이 아니랍니다.
진짜 소중한 선물은 이 책을 통해 활짝 열리게 될 '과학의 눈'이랍니다.

권홍진 · 박호준

등장인물 소개

나는 미국 서부에 있는 로스앤젤레스에 살아. 로스앤젤레스는 날씨가 따뜻해 수영도 마음대로 할 수 있어서 마음에 들어. 하지만 지진이 일어나는 위험한 곳이란 걸 알게 됐어. 그래서 우리는 학교에서 지진 대피 훈련을 하곤 해.

사이먼

난 사이먼의 사촌 누나야. 로스앤젤레스에 있는 대학에서 지질학을 공부하고 있어. 그래서 지진에 대해서는 잘 알아. 지질학자 리히터만큼은 안 되겠지만 말이야.

새미 누나

내 이름은 베티란다.
1906년 샌프란시스코에 살
때, 엄청난 지진을 겪었단다.
그때 내 여동생 루이스가
숨지고 말았어. 그때의
끔찍했던 기억이 아직도
생생하구나.

할머니

우리 가족은 일 년 전 캐나다
밴쿠버 아일랜드에서 미국
로스앤젤레스로 이사를
왔단다. 사이먼의 아빠인
내가 회사에서 승진을 했거든.
지진 피해를 입지 않으려면,
지진에 대해 잘 알아야 해.
그래서 사이먼에게
지진에 대해 알려
주기로 했단다.

아빠와 엄마

차례

1장 땅이 흔들린다! 10

2장 지구의 내부 22

3장 할머니의 기억 38

4장 샌프란시스코의 현재와 과거 52

5장 두 번째 지진 74

리히터가 들려주는 지진 이야기 86

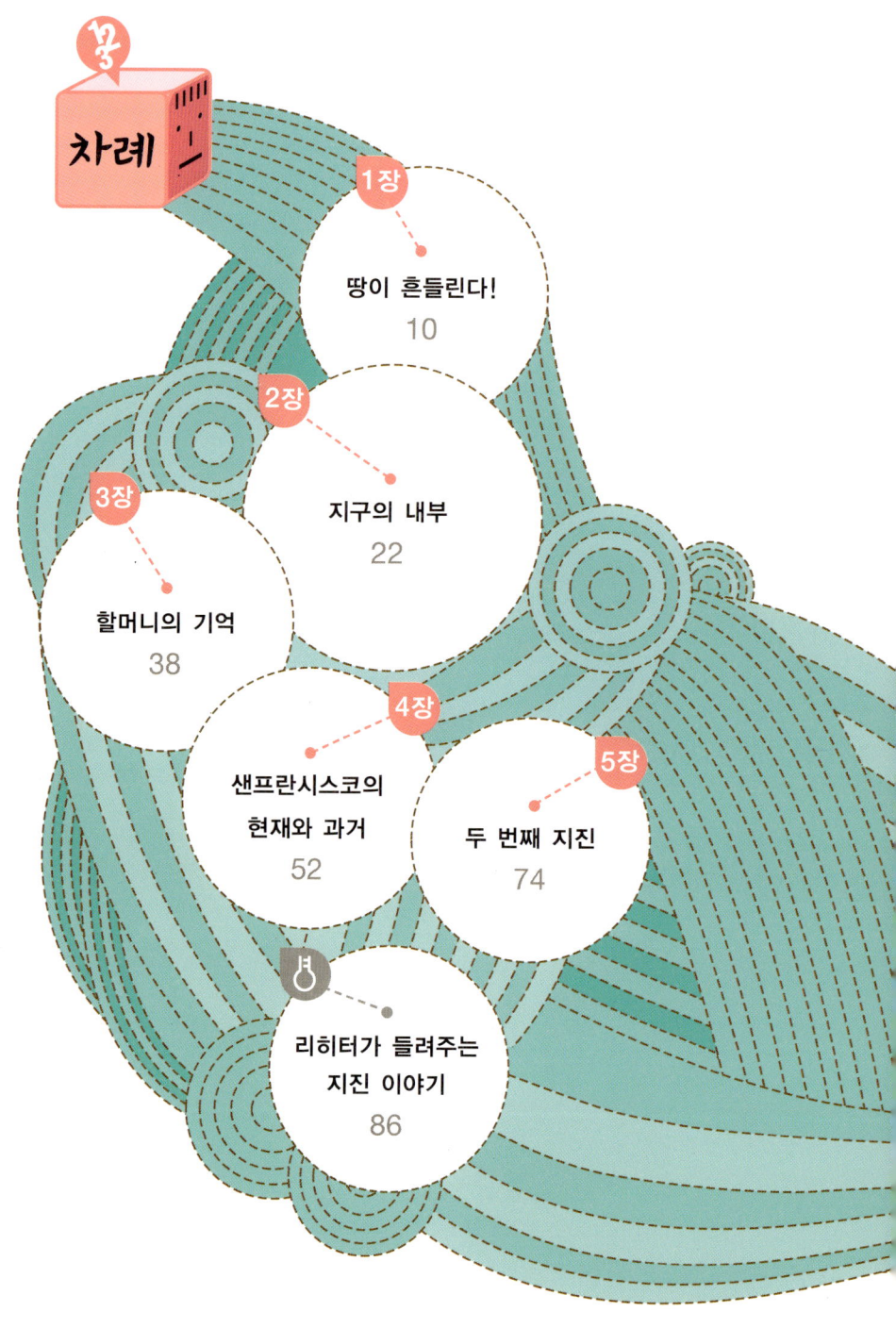

1906년, 샌프란시스코에서
일어난 대지진으로 할머니는
할머니의 막내 동생을 잃고,
그곳을 떠나 왔어요.
사이먼은 할머니와 함께 샌프란시스코에
가기로 했어요. 지진이 일어나고
83년이 지난 지금의 샌프란시스코를
보기 위해서지요.
할머니는 이번 여행을 통해 아픈 기억을
훌훌 털어 버릴 수 있을까요?

1장 땅이 흔들린다!

"리히터 규모라면 새미에게 물어보는 게 어때?
내일 밤에 우리 집에 놀러 올 텐데,
대학에서 지질학을 공부하고 있으니
지진에 대해서도 잘 알 거야."

1989년 10월 13일 금요일

날이 벌써 어두워졌어. 아빠는 한 시간 후면 샌프란시스코에 도착한다고 말씀하셨지. 우리 할머니 베티는 언뜻 보면 주무시는 것 같지만, 사실은 깨어 계시다는 걸 난 알아.

난 미신을 잘 믿진 않지만, 여행을 시작한 오늘이 하필 13일의 금요일이지 뭐야! 그래서 조금 걱정이 되긴 해. 지금 우리와 반대 방향으로 샌프란시스코에서 나오는 차들처럼 우리도 아무 일 없이 여행을 마치고 돌아가길 바랄 뿐이지.

반대편 차에서 비추는 헤드라이트가 어찌나 밝은지, 담요를 폭 덮어쓴 할머니 얼굴의 주름살까지 환하게 비출 정도였어. 할머니는 지금 무슨 생각을 하실까?

옆에 있던 나는 문득 궁금해졌어. 우리가 지금 가려는 샌프란시스코에서 1906년에 엄청난 지진이 일어났었대. 그 후 할머니의 가족은 샌프란시스코를 떠났다고 해. 그런데 가족이 모두 함께 떠나진 못했다는 거야. 할머니의 막내 여동생 루이스가 지진 때문에 그 자리에서 숨을 거두었기 때문이지. 그때 베티 할머니는 다섯 살이었는데, 83년이 지난 지금까지도 그때의 끔찍한 모습과 땅의 흔들림을 생생하게 기억하신다고 해.

그 뒤로 할머니는 너무 무서워서 샌프란시스코에 다시 갈 용기가 나지 않았대. 하지만 이제 시간이 정말 많이 지났어. 그리고 할머니도 샌프란시스코가 어떻게 변했는지 직접 보고 싶다고 하셨단다.

이 여행은 내가 생각해 낸 거야. 사실은 나와 할머니가 같이 생각해 낸 거지만. 그동안 무슨 일이 있었는지 알고 싶지? 그럼 가장 먼저 일어난 일부터 얘기해 볼게.

1989년 10월 9일 월요일

나는 학교를 그렇게 싫어하진 않아. 학교와 멀리 떨어지는 걸 더 좋아할 뿐이지. 오늘은 '콜럼버스의 날'이라 학교에 안 가서 기분이 좋아. 난 이른 아침부터 게리와 아담을 불러냈어. 우린 원래 항상 같이 놀거든. 다 함께 모여서 컴퓨터 게임을 하면 진짜 재미있다니까. 그런데 점심을 먹고

난 다음에도 계속 집에 틀어박혀서 게임만 하자 엄마가 드디어 화를 내셨어.

"사이먼, 컴퓨터 말고 다른 걸 좀 해 보면 어떻겠니? 그리고 라면을 끓여 먹었으면 뒷정리까지 깨끗하게 해야지. 다 치운 다음 자전거 타러 나가거라. 아니면 다른 거라도 해."

나도 알아. 엄마는 우리가 잘되라고 그러신다는 걸.

우리는 '아니면 다른 거라도'라는 대목에서 귀가 쫑긋했어. 그래서 오후에는 공원에 가서 야구를 하기로 했지. 요즘 월드시리즈가 열리고 있어서 어딜 가나 야구 때문에 난리거든. 사람들은 너도나도 야구 얘기를 꺼내거나 직접 야구를 즐기고 있었어. 그런데 바로 그때 일이 터진 거야.

우선 아담의 개 마인더가 이상하게 굴었어. 그날따라 유달리 낑낑거리고 짖어 댔지. 그러더니 무엇에 쫓기는 것처럼 냅다 달아나더라고. 마인더는 레트리버 종이라 아주 똑똑해. 이상한 낌새를 채고 그런 행동을 한 것 같아.

그리고 한 10분쯤 지났을까? 우르르 쾅! 갑자기 땅속에서 커다란 굉음이 들렸어. 게리와 아담과 나는 서로 멀뚱멀뚱 쳐다보았지. 그 순간 땅이 흔들리기 시작했어!

"지진이다! 우아, 멋진데!"

아담은 히죽거리며 어깨를 들썩거렸어. 하지만 아담의 춤은 오래가지 못했어. 땅이 점점 더 빠르고 세게 흔들렸거든. 결국 아담은 땅에 넘어져서 콘크리트 바닥에 머리를 찧었어. 그 후엔 아담의 말이 쑥 들어가 버렸지. 그냥 가만히, 얌전하게 앉아 있더라고.

"괜찮아, 아담?"

내가 물어도 아담은 입을 꾹 다문 채 아무 말도 안 했어. 땅이 끝도 없이 계속 흔들릴 것만 같았어. 엄마가 나중에 말씀해 주셨는데, 고작 30초쯤인가 땅이 흔들리다 말았대. 혹시 스케이트보드를 타고 계단을 내려가 본 적 있니? 굉장히 위험하지. 흔들리는 땅 위에서 중심을 잡는 것도 그것처럼 어려웠어. 하지만 게리와 나는 넘어지지 않고 잘 버텼단다. 우리가 기대고 있던 오래된 울타리가 부르르 떨렸어. 목욕이 끝난 뒤 온몸을 흔들어 대며 물기를 털어 내는 마인

더처럼 말이야. 아니면, 귀신이 흔든 걸까? 갑자기 등골이 오싹했어.

그러다가, 흔들리던 땅이 마침내 멈췄어. 우리는 아담을 흔들어 깨웠지. 소리를 꽥꽥 질러 댔는데도 아담은 꿈쩍도 안 하더라고. 아담의 얼굴은 새하얗게 질려 있었어.

"아담이 죽은 거야?"

게리가 물었어.

"아냐."

난 안심했어. 아담의 가슴이 아래위로 벌떡거리는 걸 봤으니까.

"아니, 그냥 기절한 거야. 게리, 네가 가서 우리 엄마 좀 불러 줘. 내가 아담을 지키고 있을게."

게리가 쏜살같이 달려가고 불과 몇 초 만에 땅이 또다시 요동치기 시작했어.

'괜찮아, 괜찮을 거야, 사이먼.'

나는 혼잣말을 하며 용기를 내려고 했어. 하지만 너무 무서워서 온몸이 뻣뻣해지더라고. 그래도 이번에는 땅이 아까처럼 세게 흔들리지도 않았고 금방 멈추었어. 더구나 저 멀리서 엄마가 달려오고 있었지. 정말 다행이었어.

그때 아담이 눈을 번쩍 뜬 거야.

"나, 닭고기가 먹고 싶어."

우리는 모두 배꼽을 쥐고 웃었어. 자칫하면 큰 사고가 날 뻔했는데 오로지 먹을 생각뿐이라니, 아담도 참! 하지만 마음속으로는 정말 기뻤단다.

"아담은 괜찮은 것 같구나. 하지만 병원에 데리고 가서 검진을 받아 보는 게 좋겠어."

엄마가 말씀하셨어.

의사 선생님은 진찰을 끝낸 뒤 아담에게 뇌진탕 증세가 약간 있다며, 지켜봐야 하니까 입원을 하라고 하셨어.

다음 날 안부를 물어보려고 병원에 전화를 했더니, 아담은 벌써 집에 돌아갔더라고. 아담이 말하길, 병원에선 잠을 잘 못 자겠더래. 간호사가 와서 이름을 묻는다고 계속 깨웠다나, 어쨌다나? 그래서 그냥 집에 와 버렸다는 거야. 엄마는 그 얘기를 듣고 웃으셨어. 간호사 누나가 아담의 정신이 멀쩡한지 확인하느라 그런 거래. 아담이 땅에 머리를 박았으니 그럴 만도 했지.

아침을 먹고 있는데 아빠가 사진을 몇 장 보여 주셨어. 지진이 일어났을 때 찍은 것들이었지. 그중에는 지진 때문에 절벽에서 흙과 돌이 마구 떨어져서 내가 제일 좋아하는 해변으로 가는 길이 막혀 버린 사진도 있었어.

우리 아빠의 회사는 아주 높은 빌딩에 있어. 아빠 말씀이, 지진이 일어나면 빌딩들이 흔들린대. 우아, 근사한데! 난 속으로 생각했지. 하지만 아빠의 얼굴을 보니 그게 굉장히 심각한 문제라는 걸 알 수 있었어.

아빠가 지진은 태평양에서 제일 많이 일어난다고 했어. 캘리포니아 해변과 맞닿은 바다가 태평양이야. 한번은 리히터 규모 5.9의 지진이 일어난 적도 있대.

"리히터 규모가 뭐예요?"

내 질문에 엄마 아빠가 서로 쳐다보시더군. 엄마 아빠에게도 어려운 질문이었나 봐.

"새 학교에선 이런 것도 안 가르치고 뭐 하는 거야?"

사이먼의 노트

리히터 규모란?

지진이 일어나면 '리히터 규모 얼마의 지진이 발생했다'고 말해요. 리히터는 지진의 규모를 나타낼 때 사용하는 기준이에요.

그런데 리히터는 원래 미국 지진학자의 이름이었어요. 1935년 리히터가 지진의 세기를 나타내는 방법을 개발했기 때문에, 지진의 세기를 리히터의 이름을 따서 나타낸 것이지요.

리히터 규모 0~2 : 거의 느끼지 못함.

리히터 규모 3 : 집과 창문이 흔들려서 소리가 남.

리히터 규모 4 : 집이 흔들리고, 물건이 떨어짐.

리히터 규모 5 : 서 있기가 힘들고, 벽에 틈이 생겨 갈라짐.

리히터 규모 6 : 건물의 30퍼센트가 파괴되고, 산사태가 일어남.

아빠는 싱긋 웃으셨지만 역시 답을 하시진 못했어.

우리는 일 년 전에 이곳 로스앤젤레스로 이사 왔어. 아빠가 회사에서 승진을 하셔서 우리도 아빠를 따라 밴쿠버 아일랜드에서 이곳으로 오게 되었지. 밴쿠버 아일랜드는 캐나다의 브리티시컬럼비아 주에 있어.

난 이곳 로스앤젤레스가 참 맘에 들어. 날씨가 따뜻해서 수영도 마음대로 할 수 있거든.

그런데 이곳에 와서 지진을 몇 번 느낀 적이 있어. 물론 아주 작은 흔들림이었지만……. 그래서 그런지 학교에서 지진 대피 훈련을 계속하고 있어. 지진이 났을 때는 책상 밑에 들어가면 안전하다는 걸 배웠지.

우리는 큰 지진이 일어날 가능성이 있는 곳에서 살고 있다고 선생님이 말씀하셨어.

정말 지진이 일어난다면 사람들은 무척 놀랄 거야. 아담은 여기서 태어나 쭉 살았는데도 땅이 흔들리니까 신 난다고 뛰기만 했어. 그러다가 어느 순간 다칠지도 몰라.

"리히터 규모라면 새미에게 물어보는 게 어때? 내일 밤에 우리 집에 놀러 올 텐데, 대학에서 지질학을 공부하고 있으니 지진에 대해서도 잘 알 거야."

　엄마가 말씀하셨어.

　새미는 우리 사촌 누나인데 부모님이 모두 캐나다에 계시거든. 그래서 우리 엄마가 누나더러 일주일에 한 번씩 저녁을 먹으러 오라고 했어. 그래야 혼자 공부하는 누나가 너무 외롭지 않을 테니까. 난 새미 누나가 아주 좋아.

2장 지구의 내부

"지진을 멈추게 할 수는 없어.
하지만 우리가 자연에 대해 더 많이 공부하면
지진을 피할 수 있는 방법을 알게 될 거야."

1989년 10월 10일 화요일

새미 누나가 사과를 반으로 잘랐어.

"자, 이걸 지구라고 생각하자."

누나가 웃으며 말했어. 누나는 사과 반쪽은 나에게 먹으라고 주었어. 그리고 손에 들고 있던 나머지 반쪽의 중심에 칼끝을 찔러 넣어서 씨를 빼고 주위를 조금 더 도려냈어.

"자, 내가 사과의 핵을 도려냈어. 음, 맛이 좋은데! 물론 지구의 내핵은 이것만큼 맛이 좋진 않겠지. 철과 니켈로 된 바위 덩어리만 가득하니까 말이야. 그리고 지구의 내핵은 아주 두꺼워서 완전히 통과하는 데 꽤 오래 걸린단다. 지구 중심에서 내핵 바깥층까지 약 1,200킬로미터나 되니까 말이야."

"누나, 난 지구의 속이 시뻘건 돌로 이루어진 줄 알았어. 화산이 터지면 나오는 용암처럼 말이야."

"그렇지 않아. 지구의 가장 중심 부분은 단단한 돌로 되어 있어. 그 바깥층은 지구의 외핵인데, 두께는 약 2,200킬로미터이고 굉장히 뜨거워. 그리고 외핵은 액체 상태로 되어 있단다."

새미 누나가 말했어.

"화산에서 흘러나오는 용암처럼 말이야?"

"그래, 맞아."

새미 누나는 사과의 중심 부분을 더 많이 파냈어. 물론 파낸 건 누나가 다 먹었지.

"누나, 맨틀이 뭐야?"

"맨틀은 외핵의 바깥층이야."

누나는 사과를 다시 보여 주었어.

"사과의 가장 많은 부분을 차지하는 게 맨틀이야. 이 사과가 아니라 지구에서 말이야. 조금 전에 얘기했지? 외핵은 액체 상태라고. 하지만 맨틀은 다시 단단한 암석으로 되어 있어."

이제 누나는 사과의 남은 부분을 거의 다 도려냈어.

"그럼 남은 게 뭐야?"

사과를 보니 속이 텅 비었어. 껍질 부분만 남아서 사과가 흐물흐물했어.

〈지구 내부의 이모저모〉

지구는 크게 지각, 맨틀, 외핵, 내핵으로 나눌 수 있어요.
지각은 지구의 겉을 둘러싼 부분이에요.
맨틀은 지각과 핵 사이의 부분이지요.
외핵은 핵의 바깥쪽에 있는데, 액체 상태예요.
철과 가벼운 원소인 황, 규소, 산소 등으로 이루어져 있어요.
내핵은 지구의 가장 깊은 곳에 있어요.
철과 니켈로 이루어져 있지요.

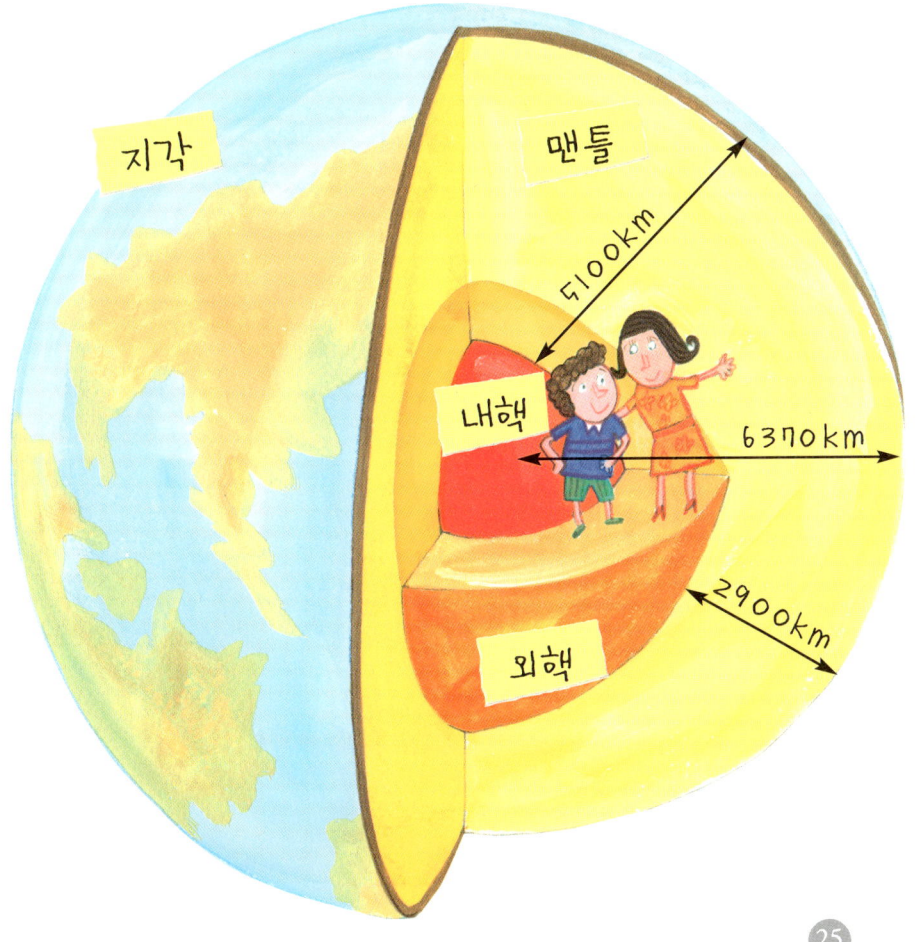

"그래, 이렇게 껍질만 남은 사과가 바로 지구의 표면이야. 이걸 '지각'이라고 하지. 지각과 그 아래층인 맨틀 사이에 경계면이 있는데, 그건 '모호로비치치 불연속면' 또는 '모호면'이라고 불러."

"근데 누나, 원래는 나한테 지진에 대해 말하려던 거 아니었어?"

"맞아. 하지만 지구의 내부가 어떻게 생겼는지 먼저 알아야 해."

새미 누나는 일어나서 책을 몇 권 가지고 왔어. 아, 저걸 읽으라고 하면 안 되는데. 다행히 누나는 그 책들을 거실 바닥에 내려놓더라고. 휴, 다행이야.

"지구의 표면 아래는 마치 커다란 그림 맞추기 퍼즐과 같단다."

누나가 말했어.

누나는 책 일곱 권을 원 모양으로 둥글게 배열했어. 그러고는 그 주위를 천천히 돌면서 이야기를 시작했어. 나는 책으로 된 그 원을 쳐다보았어.

누나가 도대체 무슨 말을 하려고 저러는 걸까? 누나는 이 책들을 가지고 우리가 걸어 다니는 땅의 아래쪽을 설명하려고 한 거야.

지구의 표면이 깨지면 아주 커다란 판 아홉 개와 그 밖에 작은 땅들로 쪼개져. 누나가 일곱 권의 책으로 둥그렇게 배열해 놓은 것처럼 말이지. 원래 판들은 반쯤 녹은 암석 위를 천천히, 아주 천천히 움직이고 있어.

아, 지금까지 내가 아는 판이라곤 방금 누나랑 함께 먹은 피자 한 판뿐인데. 이거 너무 어려운데? 설마 판이 동그란 피자 한 판 같진 않겠지?

그때 누나가 말해 줬어. 판은 두께가 약 100킬로미터나 된대! 만약 우리가 판 속을 달린다면 아빠가 고속 도로에서 운전하는 것처럼 빠르게 달려도 한 시간이나 걸릴 거래.

지구는 정말 신비로운 곳이구나! 이런 내 생각을 알아챘는지 누나가 싱긋 웃었어. 당연하지, 난 무슨 생각을 하는지 얼굴에 그대로 나타나거든.

"근데 그게 지진이랑 무슨 상관이 있어, 누나?"

유라시아 판

북아메리카 판

필리핀 판

코코스 판

나즈카 판

오스트레일리아 판

태평양 판

남극 판

지구 위에 있는 판이 마치 컨베이어 벨트에 실린 물건처럼 맨틀에 실려 움직여요. 그러면서 판들이 서로 만나 충돌하기도 하고, 서로 다른 방향으로 갈라지면서 이동하기도 해요. 이런 과학 이론을 '판구조론'이라고 불러요.

"어제 지진이 일어났잖아. 정말 무서웠지? 그런데 사실 이 지구 상에선 일 년에 백만 번도 넘게 지진이 일어난단다. 하지만 사람들은 거의 느끼지 못하지. 어때, 이제 덜 무섭니? 지구는 항상 움직이며 끊임없이 변하고 있는 거란다."

"에이, 누나, 거짓말 하지 마!"

난 믿을 수 없었어.

누나는 이런 내가 재미있나 봐.

"내 말을 더 들어 봐. 판 두 장이 아주 천천히 움직이다가 어느 순간 딱 맞물리기도 한단다. 그러면 어떤 판 하나가 다른 판 밑으로 들어가 버리지. 바로 그때 지진이 발생하는 거야. 또 맞물린 두 판이 반대 방향으로 움직이거나 서로 멀리 떨어질 때도 지진이 일어난단다. 그럼 왜 지진이 일어나는 걸까? 그건 말이야, 서로 붙었다가 멀어지는 이런 판의 움직임이 돌들로 이루어진 지각 위에 아주 큰 힘을 가하기 때문이야. 판이 움직이다가 새로운 곳에 자리를 잡으려고 할 때 부르르 진동을 하는데, 그게 바로 지진파야. 지진파는 땅속을 관통할 수도 있고 지구 표면을 따라 움직이기도 하지. 그때 지진이 함께 발생하는 거야."

"뭐야, 그 얘길 들으니까 더 무섭잖아!"

"하하하, 그래? 사실 판이 움직이는 곳을 우리 눈으로 직접 확인할 수도 있단다. 지도를 보면 단층선이라고 표시된 곳이 있을 거야. 지진은 주로 그 선을 따라 일어난단다."

누나가 책장에서 지도책을 꺼내서 캘리포니아 지도를 폈어.

"봐, 여기 캘리포니아 해안을 따라서 길게 단층선이 표시되어 있지? 이 선이 산안드레아스 단층대야. 길이가 약 1,200킬로미터나 된단다."

누나는 손가락으로 단층선을 따라 짚어 내려갔어.

"여기 샌프란시스코의 북쪽, 멘도시노 곶에서 시작해서 샌프란시스코를 지나는 선이 보이지? 샌프란시스코 반도를 정통으로 가로질러 남동쪽 고지대를 따라 로스앤젤레스까지 뻗은 선이 이렇게 캘리포니아 만으로 나가는 게 보이니? 산안드레아스 단층대는 북아메리카 판과 태평양 판이 서로 어긋나는 곳이란다.

사이먼의 노트

산안드레아스 단층대

산안드레아스 단층대는 캘리포니아 주를 남북으로 가로지르는 약 1,200킬로미터에 이르는 단층대예요. 북아메리카 판과 태평양 판이 서로 어긋나는 곳이지요. 지진은 이 단층선을 따라 일어나요.

판은 항상 움직인다고 아까 얘기했지? 바깥에 나가서 경치를 살피면 이런 움직임을 확실하게 알 수 있지. 단층대의 한쪽에 서서 맞은편을 바라보면 전체가 오른쪽으로 약간 비껴 있단다. 지질학자들은 이런 운동을 오른쪽 측면 주향 이동이라고 부르지. 이렇듯 판들은 서로를 지나쳐서 천천히, 아주 천천히 움직이고 있어. 일 년에 6센티미터씩 이동하니까 굼벵이처럼 아주 느리지. 그 밖에 판의 위를 가로지르는 작은 단층대들도 굉장히 많아."

누나는 이어서 덧붙였어.

"어제 일어났던 지진은 캘리포니아 해안에서 약 500킬로미터 떨어진 태평양 바닷속에서 생긴 거였어. 하지만 원래 지진은 두 판이 서로 맞물렸을 때 자주 발생한단다."

"으, 누나 말만 들어도 등골이 오싹해!"

"아휴, 겁내기는……."

엄마가 둥근 판 위에 브라우니를 가득 담아서 우리에게 갖다 주셨어. 탐스러운 브라우니 한 조각을 집으며 새미 누나가 말했어.

"그래, 자연은 이렇게 늘 움직인단다. 우리의 산과 계곡의 모습을 끊임없이 바꾸면서 말이야. 우리가 자연을 잘 이해한다면, 더욱 안전하게 살 수 있겠지? 난 그렇게 믿어."

새미 누나가 엄마의 브라우니를 한 입 베어 먹고는 눈이 휘둥그레졌어.

"음, 고모님은 정말 훌륭한 요리사야!"

누나는 브라우니를 순식간에 뚝딱 해치웠어.

"이런, 브라우니 한 판을 벌써 다 먹었네. 그럼 이 판 위에 새 브라우니를 한 판 더 얹어 볼까? 사이먼, 지각 운동에도 이런 현상이 생긴단다. 판과 판이 서로 부딪치는 거야. 이런 걸 수렴이라고 해."

"그렇구나."

난 땅속 이야기에 점점 빨려들었어.

"판과 판이 서로 밀어내기도 해. 그럼 두 판이 멀어지겠지? 그건 발산이야. 해양판의 경우에는 서로 멀리 떨어지기도 한단다."

누나가 녹색으로 된 책 두 권을 서로 멀리 떨어뜨려 놓으니까 중간에 틈이 생겼어.

"이렇게 해양판이 벌어져서 틈이 생기면 뜨겁게 달구어져서 거의 녹아 있던 용암이 위로 올라온단다. 뜨거운 용암이 찬물을 만나면 금세 식어 버리겠지? 그렇게 해서 새로운 판이 또 만들어지는 거야. 해양저 확장 현상이 그런 거란다."

"시뻘겋게 녹은 용암이 판의 틈 사이로 뿜어져 나오는 거 말이지? 그런 용암이 식으면 해양 바닥은 훨씬 더 넓어지겠네?"

"그럼."

누나도 점점 신 나는가 봐. 새미 누나는 이런 이야기를 정말 좋아해. 엄마가 이번에는 핫초콜릿을 갖다 주셨어.

누나와 나는 한참 동안 재미있게 이야기를 나눴어. 시계를 보니 벌써 밤 10시야. 엄마와 아빠는 내가 너무 재미있어 하는 걸 보고 밤이 늦었는데도 아무 말 안 하신 거야.

아, 내일 아침 일찍 학교만 안 가도 오늘 더 얘기할 수 있을 텐데! 하긴 새미 누나도 피곤한지 계속 하품을 하더니 코트를 입고 집에 돌아갈 준비를 했어. 잠깐, 아직 궁금한 게 하나 더 있어.

"누나, 지진을 멈추게 하는 방법은 없는 거야?"

"그래, 지진을 멈추게 할 수는 없어. 하지만 우리가 자연에 대해 더 많이 공부하면 지진을 피할 수 있는 방법을 알게 될 거야. 그래서 요즘은 더욱 주의를 기울여서 건물을 짓는단다. 최근에는 지진을 견딜 수 있는 건물들이 많이 지어지고 있지."

새미 누나가 돌아간 뒤 나도 잠자리에 들 준비를 했어.

"사이먼, 누나한테 리히터 규모가 뭔지 물어봤니?"

이런, 깜박했잖아!

아빠는 이런 날 보고 껄껄 웃으셨어.

"그래, 다음엔 꼭 물어보아라. 혹시 지진에 대해 정말 궁금하면 할머니께 여쭤 봐도 좋아. 1906년에 샌프란시스코에서 일어났던 대지진을 겪은 분이니까."

그때 엄마가 아빠의 팔을 툭 쳤어.

"당신은 지금 그걸 말이라고 해요? 그 지진으로 어머님의 여동생이 돌아가셨잖아요! 언짢으실지도 몰라요."

그러자 아빠가 당부했어.

"그래, 정말 끔찍한 지진이었지. 사이먼, 우선 할머니한테 지진에 대해 말씀해 주실 수 있는지 여쭤 봐. 너무 보채지는 말고, 할머니가 자연스럽게 말씀하시도록 기다리렴. 그럼 괜찮을 거다, 알았지?"

그래도 엄마는 할머니께 그런 질문을 한다는 게 영 탐탁치 않나 봐. 난 할머니가 정말 좋아. 할머니가 싫어하시는 일을 억지로 조르고 싶진 않아.

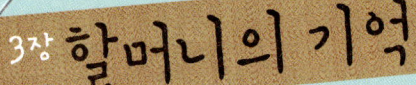

3장 할머니의 기억

"우린 떠나야 해.
도시 여기저기에 불이 났어.
우리 쪽으로 점점 가까이 오고 있어."

1989년 10월 11일 수요일

다음 날 오후에 난 엄마의 심부름으로 자두 잼을 가지고 할머니 댁에 갔어. 할머니가 나를 반갑게 맞아 주셨지. 그런데 내가 뭐라고 말하기도 전에 할머니가 먼저 샌프란시스코 지진에 대한 이야기를 불쑥 꺼내시는 거 있지! 좀 이상한 기분이 들었어. 아담이 병원에 입원한 이야기를 들으셨나 봐. 할머니한테 너무 보채지 말고 그냥 조용히 듣기만 하라고 아빠가 말씀하신 게 생각났어. 그래서 난 할머니가 하시는 말씀에 조용히 귀를 기울였어.

"세월이 참 빠르기도 하지."

할머니가 드디어 이야기를 시작하셨어.

"난 1901년에 태어났지. 내가 벌써 여든여덟이라니! 그동안 참 많은 일들이 있었는데, 난 또 그걸 많이 잊어버렸어. 하지만 1906년의 샌프란시스코 지진은 절대 잊히지 않는구나. 난 그때 겨우 다섯 살이었지만 모든 것이 생생해. 사이먼, 우리 어머니의 일기장을 내가 보관하고 있는데 말이다, 아직 한 번도 읽어 본 적이 없구나. 가끔 꺼내 보긴 했지만 엄마가 쓰신 글을 읽을 용기가 안 났어. 이제 때가 된 것 같다. 내가 읽을 테니 한번 들어 보겠니?"

나는 고개를 세게 끄덕거렸어. 정말 듣고 싶었거든. 할머니는 책상 서랍을 열고 굉장히 낡은 책 하나를 꺼내셨어. 그리고 의자에 앉아서 무릎 위에 담요를 덮고 책을 펼치셨어. 나도 옆에 앉았어. 할머니의 얼굴이 너무 슬퍼 보였어.

"자, 이제 네 증조할머니의 목소리를 들어 보자꾸나."

할머니는 낡은 책의 첫 페이지를 넘겨서 어머니가 쓰신 글을 읽기 시작했어.

1906년 4월 18일

새벽녘에 잠이 깼다. 우리 루이스가 밤새 칭얼댔기 때문이다. 나는 부엌에서 루이스에게 줄 분유를 타고 있었는데, 바로 그때 덜거덕거리는 소리가 들렸다.

"무슨 소리지?"

나는 혼자 중얼거렸다. 그리고 부엌 뒷문을 열고 밖으로 나가 보았다. 그런데 문밖으로 난 길이 아래위로 크게 요동치고 있는 게 아닌가? 밤바람을 맞으며 거센 파도가 밀려오듯 풀밭 위로 난 길이 크게 울렁거렸다.

그런 이상한 광경은 난생처음이었다. 포효하듯 땅이 울리는 소리가 조금씩 잦아들자 나는 정신이 번쩍 들었다. 하지만 바닥이 기우뚱거리는 바람에 중심을 잃고 부엌 안으로 쓰러지면서 그만 벽에 부딪혀 쓰러지고 말았다. 바닥이 진동하자 테이블과 찬장들도 춤을 추듯 함께 덜덜거리며 내 주위로 몰려들었다.

나는 바닥에 쓰러진 채 부엌의 벽이 안으로, 바깥으로 흔들리는 것을 지켜볼 수밖에 없었다. 집 안의 모든 것이 구슬프게 울부짖는 것 같았다. 어떤 무거운 것이 내 다리 위로 떨어져서 나를 세게 누르고 있었기 때문이다. 그 순간이 영원히 끝나지 않을 것처럼 시간이 아주 천천히 흘렀다. 나는 머리 위로 날아다니는 달걀을 넋을 잃고 멍하니 쳐다보았다. 밀가루 포대가 하늘로 높이 날아오르더니 입구가 툭 터졌다. 하얀 밀가루가 눈처럼 내 머리 위에, 부엌 구석구석에 소복이 쌓였다.

그러다가 갑자기 모든 것이 뚝 멈추었다. 온 세상이 고요해졌다. 집 안에서는 흔들림이 진정되느라 여전히 끽끽거리는 소리가 났다. 그런데 루이스의 울음소리가 들리지 않았다. 나는 그때까지 루이스에게 먹일 따뜻한 우유가 가득 든 조그만 병을 놓지 않고 있었다. 그때는 미처 몰랐다. 앞으로 루이스의 울음소리를 다시는 듣지 못한다는 것을!

그때 남편 윌이 나타났다. 큰딸 베티를 안고 있었다. 베티는 아무 말이 없었다. 아마도 방금 겪은 일에 너무 놀라서 온몸이 돌처럼 굳어 버린 것 같았다. 베티는 무사했다. 하느님, 감사합니다! 저절로 감사의 기도가 나왔다. 내 다리 위에 떨어진 가구를 치우는 동안 남편의 눈에서 구슬 같은 눈물이 뚝뚝 떨어졌다. 드디어 가구가 치워지고 내가 조금 편해지자 남편이 나를 꼬옥 안아 주며 말했다. 우리 루이스가 죽었다고. 지진 때문에 침대가 흔들려서 루이스가 바닥에 떨어진 것 같다고. 머리에 큰 상처가 있었다고 했다.

남편이 짐을 꾸리는 내내 나는 죽은 루이스를 품에 안고 있었다.

"우린 떠나야 해. 도시 여기저기에 불이 났어. 우리 쪽으로 점점 가까이 오고 있어."

월이 말했다. 나도 연기 냄새를 맡을 수 있었다. 발목이 부러져 피가 흐르고 있었지만, 하나도 아프지 않았다. 충격이 너무 심해서 육체적인 고통은 아무것도 아니었다.

월은 짐을 마차에 싣고 말을 준비했다. 길은 이미 파괴된 뒤였지만 우리는 조금씩 앞으로 나아갔다. 건물들도 완전히 무너진 뒤였다. 부서진 잔해 더미에 몸이 반쯤 깔려서 죽은 사람들이 거리 이곳저곳에 널려 있었다. 살아 있는 사람들마저도 정신이 나간 채 거리를 헤매고 있었다. 도시 전체가 불길에 휩싸여 있었다.

할머니 눈에 눈물이 글썽글썽했어. 나는 할머니의 손을 꼭 잡아 드렸어.

"할머니, 더 읽지 않아도 돼요."

할머니는 일기장을 덮었어.

"우리 어머니와 아버지는 샌프란시스코를 떠났지만, 여

기에 그대로 남은 사람들도 많았단다. 그 뒤 큰아버지도 우리와 함께 살게 되었어. 난 큰아버지가 해 주는 이야기를 많이 들었단다. 지진이 지나간 뒤 샌프란시스코는 대혼란

에 빠졌고, 사람들은 물건을 마구 도둑질하기 시작했단다. 큰아버지는 경찰로서 도시의 질서를 바로잡기 위해 열심히 노력하셨지. 도시 여기저기에서 화재도 끊임없이 발생

했어. 지진보다 화재 때문에 오히려 피해가 더 컸단다. 어떤 여자는 굴뚝이 무너진 줄 모르고 아침 식사 준비를 하려고 오븐에 불을 때다가 온 집이 불길에 휩싸이기도 했단다. 사람들은 그 사건을 '햄과 달걀의 화재 사건'이라고 불렀어. 도시 전체가 나흘 동안이나 시뻘건 불길에 휩싸여 있었으니 정말 끔찍했겠지? 벤 삼촌이 말씀해 주셨는데, 언덕 위에서 샌프란시스코를 내려다보니 시뻘건 불꽃으로 된 카펫이 깔려 있는 것 같더래."

"소방대원 아저씨들은 없었나요? 왜 불을 안 껐어요?"

나는 할머니에게 물어보았어.

"물론 소방대원들은 최선을 다해서 불을 껐어. 하지만 소화전에 호스를 연결해도 물방울만 똑똑 떨어질 뿐 물이 나오지 않으니 어떡하겠니. 땅속에 물이 지나가는 커다란 파이프가 세 개나 있었는데 모두 파괴된 거지. 저수지, 심지어는 바다에서 물을 끌어오기도 했지만, 불이 너무 거세게 타올랐단다. 지진 때문에 가스 파이프가 터져서 불이 더 크게 번진 거지. 금방 무너질 것 같은 빌딩들은 폭약을 써서 무너뜨렸어. 불이 나도 탈 게 없으면 더 이상 번지지 못할 거라고 생각했던 거야. 그래도 불은 꺼지지 않았단다."

할머니는 이야기를 계속해 주셨어.

"하지만 지진에서 성공적으로 살아남은 이야기도 있어. 미국 조폐국 건물은 화강암과 사암으로 지어진 빌딩이었는데, 지진 속에서도 불에 타거나 무너지지 않았어. 지진이 발생하기 바로 며칠 전에 건물의 물 공급 시스템을 새로 정비했기 때문이야. 물이 잘 나오니까 조폐국 직원들이 건물에 불이 나지 않도록 성공적으로 보호할 수 있었지. 그 당시 금고에는 수천만 달러어치의 지폐와 동전이 보관되어 있었어."

"우아, 그 돈이 다 안전했어요?"

"암, 돈은 아무 문제 없었지."

할머니가 고개를 끄덕이셨어.

"지진에서 살아남은 사람들은 투지가 대단했어. 그들은 도시를 재건하겠다고 굳게 결심했지. 그리고 결국 6년 만에, 지진으로 파괴된 폐허 위에 2만 채의 건물을 새로 지어

올렸어."

"샌프란시스코에 더욱 가 보고 싶어요. 엄마 아빠 말씀으로는 지진이 일어난 뒤 할머니는 샌프란시스코에 다시 안 가셨다면서요?"

할머니는 들고 있던 커피 잔을 내려놓고 나를 지그시 바라보셨어.

"그랬지. 하지만 이제는 다시 가 볼 때가 된 것 같다. 한번 생각해 보마."

난 할머니 집에서 예전에는 미처 깨닫지 못했던 것을 새로 발견했어. 돌아와서 엄마에게 말씀드렸지.

"엄마, 할머니가 벽난로 위 선반에 장신구를 모두 붙여 둔 거 아세요? 그리고 할머니 집의 가구는 움직이지 않아요. 안락의자도요. 가구들이 전부 벽이나 바닥에 고정되어 있었어요."

엄마는 빙긋이 웃으셨어.

"미리 대비하느라고 그렇게 하신 걸 거야. 큰 지진이 일어나면 무거운 가구들은 넘어지거나 방 안에서 사정없이 움직인단다. 그럼 사람이 다치겠지? 더 작은 가구들은 떨어져서 산산조각이 날 거야."

"여보, 내 생각은 달라. 어머니는 일어나지도 않는 지진에 대해 걱정을 너무 많이 하시는 것 같아."

아빠가 말씀하셨어.

"나이가 들면 조금 이상한 행동을 할 때도 있어요."

엄마가 할머니 편을 들었어.

"또 아주 강렬한 경험을 한 뒤 인생 자체가 바뀌는 사람들도 많아요. 1906년의 지진이 어머님께 어떤 영향을 끼쳤는지 우리가 어떻게 다 이해할 수 있겠어요? 어머님의 어머니는 가구가 떨어져서 심하게 다치셨고, 아기였던 여동생은 목숨을 잃었으니까요. 며칠 전 아담을 보면 모르겠어요? 그냥 땅이 조금 흔들렸을 뿐인데도 몸을 다쳤잖아요. 어머님이 가구를 고정해 놓으신 건 우리가 너그럽게 이해해야 한다고요."

"엄마, 지진이 났을 땐 어떻게 해야 안전해요?"

"좋은 질문이다. 집 안에서 땅이 심하게 울렁거리는 걸 느끼면 어디로 피해야 할까? 그럴 때 가장 안전한 곳은 바로 문틀이야. 문틀의 아래쪽에 서 있으면 지붕에서 물건이 떨어져도 머리에 바로 부딪히지 않겠지? 아니면 튼튼한 식탁이나 책상 밑에 들어가도 된단다. 그럼 위에서 뭐가 떨어지더라도 너를 보호하는 방패가 되어 줄 거야. 심지어 건물이 파괴됐는데도 튼튼한 구조물 속에 들어가 있다가 무너진 건물 더미를 헤치고 나온 사람들도 있어."

다음 날 아침 일찍, 전화가 따르릉 하고 울렸어. 할머니였어.

"사이먼, 우리 한번 해 보자꾸나. 샌프란시스코를 보고 싶구나."

난 할머니에게 이번 일이 굉장히 중요하다는 걸 알아. 물론 엄마 아빠에게도 중요하지. 우리 식구들은 모두 이번 주말에 샌프란시스코에 가기로 결정했어. 더 신 나는 일은, 학교에 안 가도 된다는 거지!

우리의 여행은 이렇게 시작되었어. 지금 우리는 차를 타고 샌프란시스코의 거리 곳곳을 누비고 있어. 앞으로 며칠 동안 유니온 광장의 어느 호텔에서 묵을 거야. 거기가 쇼핑 중심지래. 엄마는 사고 싶은 게 있는지 나보다 더 흥분하셨어. 이런 엄마의 모습을 보고 아빠가 눈썹을 살짝 찌푸렸어. 하지만 더 이상 아무 말도 하지 않으시더라고.

이따가 오후엔 샌프란시스코의 북쪽에 있는 포인트 레이예스 국립 해상공원에도 갈 거야. 할머니는 샌프란시스코에 오고 싶다고는 하셨지만 여기에서 하고 싶은 일이 무엇인지 말씀을 안 하셨어. 우리 차가 호텔 앞에 도착하자 할머니는 잠에서 깨어 주변을 찬찬히 둘러보셨어. 하지만 여전히 아무 말씀이 없으셨단다.

4장 샌프란시스코의 현재와 과거

"샌프란시스코 대지진의 흔적이 남아 있는 곳도 있어.
그 당시 지진으로 갈라진 울타리들이
아직 그대로 서 있단다.
어떠냐? 보고 싶지?"

1989년 10월 14일 <u>토요일</u>

우리는 아침을 먹자마자 탐험을 시작했어. 엄마는 할머니와 함께 쇼핑을 가셨어. 나중엔 버스 투어를 하실 거래.

아빠는 엄마와 쇼핑을 안 가도 된다고 굉장히 좋아하셨어. 아빠와 나는 캔들스틱 야구장에 갔단다. 자이언츠 야구팀의 홈구장 말이야. 자이언츠는 내가 제일 좋아하는 야구팀이지. 이번 월드시리즈 결승전에서 오클랜드 애슬레틱스팀과 맞붙어서 싸울 거야.

야구장 입구에는 나의 영웅 윌리 메이스 선수의 커다란 동상이 서 있었어. 난 윌리 메이스가 정말 훌륭한 선수라고 생각해. 야구장은 안팎으로 구경거리도 많고 이것저것 해 볼 것도 많았어. 운동장 가장자리에는 높이가 25미터나 되는 커다란 병이 세워져 있었어. 그 안에 미끄럼틀이 있어서 아빠와 나도 열심히 탔지. 아빠가 나보다 더 재미있어 하더라고. 이제 이틀만 있으면 이곳에서 월드시리즈 세 번째 경기가 열려. 아, 내 가슴이 왜 이렇게 쿵쿵 뛰는 거지?

샌프란시스코 땅을 다시 밟게 되어 할머니도 무척 기쁘

신 것 같았어. 그날 밤 엄마와 아빠가 공연에 간 사이 할머니와 나는 호텔에서 피자를 먹었지. 할머니는 피곤하신지 별로 말씀이 없었는데, 유독 아르데코 스타일의 건물들이 참 좋았다고 말씀하셨어. 아르데코는 할머니가 어릴 때 유행하던 건축 양식이란다. 오늘 우리가 본 것에 대해 이야기를 나누는데 할머니가 '정말 아름다웠어!'라고 몇 번이나 말씀하셨어.

"새로 지은 건물들과 거리가 너무 멋지더구나. 지진으로 파괴된 흔적은 찾아볼 수 없었어."

할머니의 눈에서 금방이라도 눈물이 쏟아질 것 같았어.

1989년 10월 15일 일요일

우리 차가 포인트 레이예스 국립 해상공원으로 향하고 있었어.

"어릴 때 자주 왔던 곳이야!"

아빠가 말씀하셨어. 어린 시절 추억으로 다시 돌아간다고 생각하니 아빠도 기분이 좋은가 봐. 아빠는 우리에게

이곳의 야생 생태계도 보여 주고 싶다고 하셨어. 우리 차가 금문교에 거의 다다랐을 무렵 엄마가 말씀하셨어.

"엄마의 아버지도 이 다리를 건설하는 데 참여하셨단다. 이 다리를 짓기 위해 일꾼 수백 명이 허리가 휠 만큼 열심히 일했어. 모두들 저 위험한 태평양 바다 한가운데에서 발판 하나에 의지해서 다리를 건설했어. 살을 에는 추위와

세찬 바람, 자욱한 안개를 묵묵히 견디면서 말이야……."

"굉장히 위험했을 것 같아요."

난 갑자기 너무 무서운 생각이 들었어.

"그럼, 위험했지. 그래서 사고도 많았단다. 하지만 작업자들의 발 밑에 안전그물이 쳐져 있어서 정말 다행이었지. 건설 작업 중에 열아홉 명이나 다리에서 떨어졌지만 다들 목숨을 건졌어. 금문교는 오랫동안 세계에서 유일한 현수

교로 이름을 떨쳤단다. 현수교는 양쪽 언덕에 줄이나 쇠사슬을 건너지르고, 거기에 의지하여 매달아 놓은 다리야."

"나는 아르데코 디자인이 마음에 들었어."

할머니가 말씀하셨어.

물론 나도 아르데코 디자인이 좋아. 하지만 난 좀 다른 것에 관심이 생겼지.

"강한 지진이 일어나도 금문교는 괜찮을까요?"

내가 물었어.

"그래, 질문 잘했다. 기술자들은 지진의 영향까지 고려해서 다리를 설계했단다. 바다와 날씨가 다리에 끼치는 영향까지 생각하면서 다리를 지었지. 이 다리가 완공된 게 1937년이니까 그것도 아주 옛날 일이 되어 버렸지만 말이다. 하여튼 그 당시 기술자들로선 정말 대단한 일을 해낸 거야. 요즘 기술자들은 지진의 영향에 대해 더 많이 알고 있어. 큰 지진이 다리에 어떤 영향을 끼치는지에 대해 끊임없이 연구하는 과학자들도 많단다."

아빠가 설명해 주셨어.

그날 우리는 새로운 호텔을 예약했어.

"다음에 우리가 묵을 호텔은 정말 멋진 곳이야. 거기서 하이킹을 할 거야. 새를 보려고 망원경도 미리 준비해 두었단다."

아빠는 신이 나서 말씀하셨지만, 난 그저 그랬어. 가만히 앉아서 새나 보는 게 뭐 그리 재밌는 일인가? 아빠가 불쑥 이런 말을 하셨어.

"샌프란시스코 대지진의 흔적이 아직 남아 있는 곳도 있어. 그 당시 지진으로 갈라진 울타리들이 아직 그대로 서 있단다. 어떠냐? 보고 싶지?"

"네, 보고 싶어요!"

"그래, 보고 싶구나."

할머니와 내가 똑같이 대답했어.

내 심장이 쿵쿵쿵 점점 빠르게 뛰기 시작했어. 1906년 지진의 위력을 드디어 보게 되다니! 그날 밤 침대에서 나는 처음으로 단층대에 대해 생각해 보았어. 지금까지는 한 번도 생각해 본 적이 없었거든. 우리가 샌프란시스코에 있으니까, 그럼 단층대 위에 있는 거잖아! 아, 생각만 해도 머리 끝이 쭈뼛거리지 뭐야.

나는 방을 한 번 휙 둘러보았지. 큰 지진이 일어날지 모르니까 미리 숨을 곳을 파악해 둬야 해. '맞아, 얼른 뛰어가서 문틀 아래에 서 있으면 되겠다……' 나는 이런 생각을 하며 잠이 들었어. 침대 밑에선 오래 쪼그리고 있을 수 없으니까 문틀 아래가 나을 거야.

다음 날 우리는 차를 타고 비어 밸리 건너편에 있는 관광객 센터에 도착했어. 거기서부터 잠시 산길을 걸어서 아빠가 말했던 오래된 울타리를 보러 갔어. 이윽고 도착해서 계단을 내려갔더니, 한쪽이 비스듬히 기울어진 채 서 있는 오래된 울타리가 보였어. 울타리가 땅속으로 비스듬히 들어가다가 뚝 끊어졌더라고. 그리고 오른쪽으로 5미터쯤 떨어진 곳에서 울타리가 다시 시작되었어. 이만큼 길게 끊어지다니, 정말 큰 지진이었구나! 우리는 아무 말도 못하고 그냥 멍하니 서 있었어.

"원래부터 이렇게 지어진 게 아니란 말이죠? 지진이 얼마나 심했으면 땅과 건물과 울타리를 이런 식으로 끊어 버릴 수 있었을까요? 아빠, 도저히 상상이 안 돼요."

할머니가 옆에서 몸을 부들부들 떨고 계셨어. 햇볕이 쨍쨍 내리쬐고 있었는데도 말이야.

밤이 되자 우리는 바닷가에 모닥불을 피웠어. 엄마와 아빠가 손을 잡고 해변을 걷는 동안 할머니와 나는 춤을 추듯 타들어 가는 모닥불 앞에서 서로를 꼭 껴안았어. 눈물이 할머니의 볼을 타고 흘러내렸어. 할머니가 멀리 바다만 보고 계시길래 할머니의 손을 꼭 잡아 드렸어. 할머니는 그 옛날 지진으로 죽어 간 사람들을 생각하시는 것 같았어. 특히 여동생 생각이 많이 나시겠지?

"우리 사이먼이 이렇게 할머니 옆에 있어 주니까 너무 좋구나. 여긴 과거가 생각나는 곳이야. 하지만 미래를 향해 나가는 장소이기도 해."

할머니도 내 손을 꽉 잡았어.

"우리가 다시 돌아와서 정말 기뻐요."

진심이야. 할머니와 함께여서 더 좋았어.

1989년 10월 16일 월요일

"지금까지 돌아본 샌프란시스코는 어땠니?"

새미 누나가 물었어. 누나도 샌프란시스코에서 열리는 회의에 참석하러 로스앤젤레스에서 날아왔어. 물론 여기 와서도 누나는 우리와 함께 저녁을 먹었지.

"정말 좋았어!"

학교와 비교하면 지금은 천국 그 자체야.

그리고 이번 여행에서 난 소원을 완전히 풀었어. 엄마가 야구 방망이를 새로 사 주셨고, 아빠가 캔들스틱 야구장에 데려가 주셨으니까. 야호, 신 난다! 오늘 엄마와 할머니는 쇼핑을 다녀오셨고, 아빠는 포인트 레이예스 국립 해상공원에서 윈드서핑을 하고 오셨어. 하지만 나는 못 갔어. 파도가 너무 거세서 나 같은 어린아이는 위험하대.

"사이먼, 포인트 레이예스에 가서 암석이랑 벼랑을 잘 살펴봤니? 단층대를 따라 지진이 나서 땅이 어떻게 변했는지 눈으로 확인했어?"

새미 누나가 물었어.

"글쎄, 내 눈엔 별로 달라 보이지 않던데?"

난 누나에게 솔직하게 말할 수밖에 없었단다.

"음, 과학자로서의 자질이 안 보이는데?"

누나가 웃으며 말을 이었어.

"1906년에 지진이 있은 뒤 지질학자들이 캘리포니아 전역을 모두 조사했어. 그 지역의 땅과 건물의 움직임도 기록하고 사진도 많이 찍었다고 해. 그 결과 그 지역에 단층대가 지나간다는 걸 밝혀내고 지도에도 표시했단다. 과학자들이 많은 정보를 수집하고 연구한 덕분에 지구의 표면 아래에서 무슨 일이 벌어지고 있는지 더 잘 알게 된 거야."

"사이먼, 새미 누나에게 리히터 규모에 대해서도 물어봐야지?"

맞아, 깜빡 잊고 있었는데 아빠가 알려 주셨네.

누나가 아빠의 말을 듣더니 손으로 입을 닦으며 활기차게 물었어.

"좋아, 사이먼. 뭘 알고 싶은데?"

"누나, 리히터 규모란 게 뭐야?"

누나가 말했어.

"그건 지진의 세기를 측정하는 기준이야. 1935년에 찰스 리히터라는 과학자가 고안해 냈지. 과학자들이 지진의 세기를 측정할 때 제일 많이 쓰는 기계는 지진계란다. 너도 사진에서 봤을지 모르겠다. 땅의 진동이 그래프로 나타나는 기계 말이야. 과학자들은 달, 화성, 금성에도 지진계를 설치해 놓고 움직임을 기록하고 있단다."

누나는 계속 설명했어.

"그리고 지진의 세기, 즉 지진의 규모는 지금까지 기록된 가장 센 지진파를 기준으로 만든 거야. 리히터 규모 1의 지진은 땅의 흔들림이 가장 작은 것을 말해. 리히터 규모 2의 지진은 1보다 땅의 흔들림이 10배 더 강하고 에너지도 32배나 더 많이 방출된단다. 그래도 우리들은 여전히 느끼지 못해. 하지만 리히터 규모가 하나씩 올라갈 때마다 지진의 세기는 많이 달라진단다."

누나는 지진에 대해 정말 많은 걸 알고 있었어.

"지난주에 로스앤젤레스에서 일어난 지진은 리히터 규

사이먼의 노트

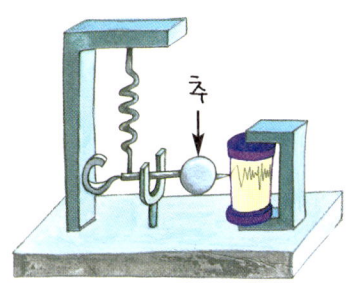 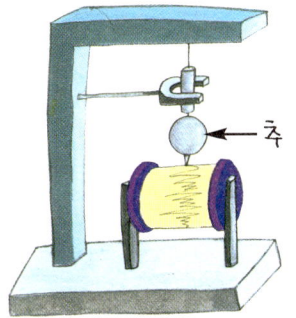

〈수직 지진계〉　　　　〈수평 지진계〉

지진계의 원리

지진계의 원리는 생각보다 간단해요. 공중에 추를 매달고, 추의 끝에는 펜을 연결해요. 펜은 다시 종이와 연결돼 있고요.

지진이 일어나면 바닥이 덜덜 흔들려요. 그러면 지진계를 올려놓은 책상도 떨고, 지진계의 종이도 떨지요. 하지만 공중에 매달린 추는 움직이지 않아요. 추에 연결된 펜은 종이에 지진파를 그려요. 지진이 심할수록 지진계는 더 큰 지진파를 그리니까 지진을 측정할 수 있는 거예요.

모 5.9였어. 그러니까 사람들이 모두 느낄 수 있었지. 땅속에서 굉음을 들은 사람도 있대. 하지만 비교적 약한 지진이어서 심각한 피해는 없었어."

지진에 대한 누나의 이야기는 끝이 없었어.

"리히터 규모 6.9의 지진이 일어나면 지난주에 일어났

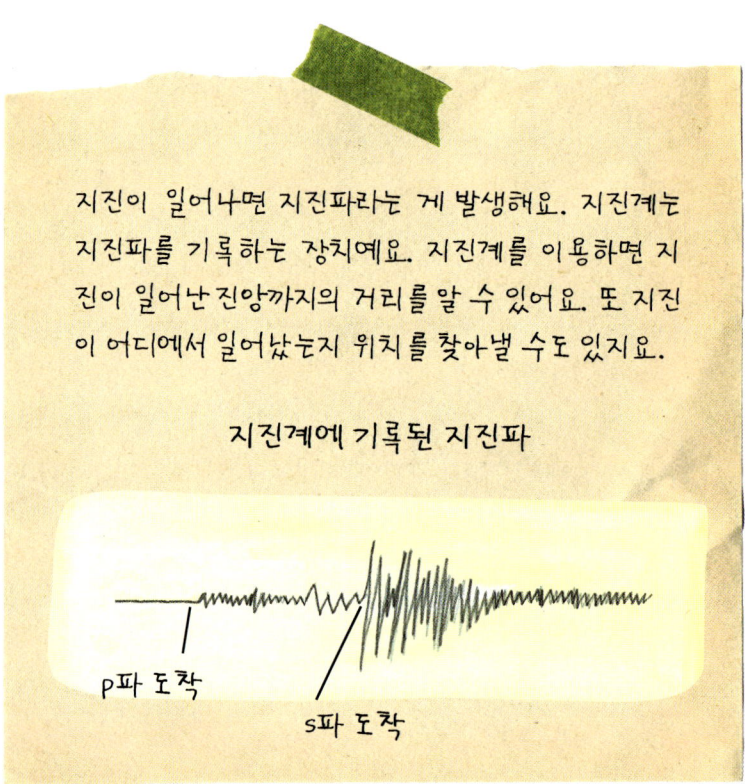

던 지진보다 땅이 10배 더 세게 흔들릴 거야. 에너지 방출량도 32배나 더 커지겠지. 그럼 도시의 건물들은 심각한 손상을 입게 돼."

누나는 숨을 한 번 고르고 다시 얘기를 시작했어.

"과학자들은 1906년에 일어난 지진의 강도가 7.8 정도였을 거라고 추측하고 있어. 그 정도의 지진이라면 샌프란시스코를 완전히 부수고도 남지. 리히터 규모가 5 이상이면 1단계씩 올라갈 때마다 지진의 세기에 엄청난 차이가 나."

"할머니, 할머니의 엄마가 쓰신 일기장에 땅이 파도처럼 울렁거렸다고 적혀 있었잖아요. 그게 사실인가요?"

내가 물었어.

"그럼, 사실이지, 우리 귀여운 도련님."

할머니가 부드럽게 웃으셨어.

"정말 무서웠을 것 같아요. 그런 지진이 다신 일어나지 말아야 할 텐데요. 어머님, 우리가 지진 이야기를 계속해도 괜찮으시겠어요?"

엄마가 할머니께 물었어.

할머니는 대답이 없었어. 무엇인가 깊은 생각에 잠기신 게 분명했어. 하지만 할머니의 기분이 그렇게 나쁘지 않다는 걸 난 알 수 있었어.

"물론이죠."

새미 누나한테 물어본 게 아닌데 웬 참견이지? 가끔 보

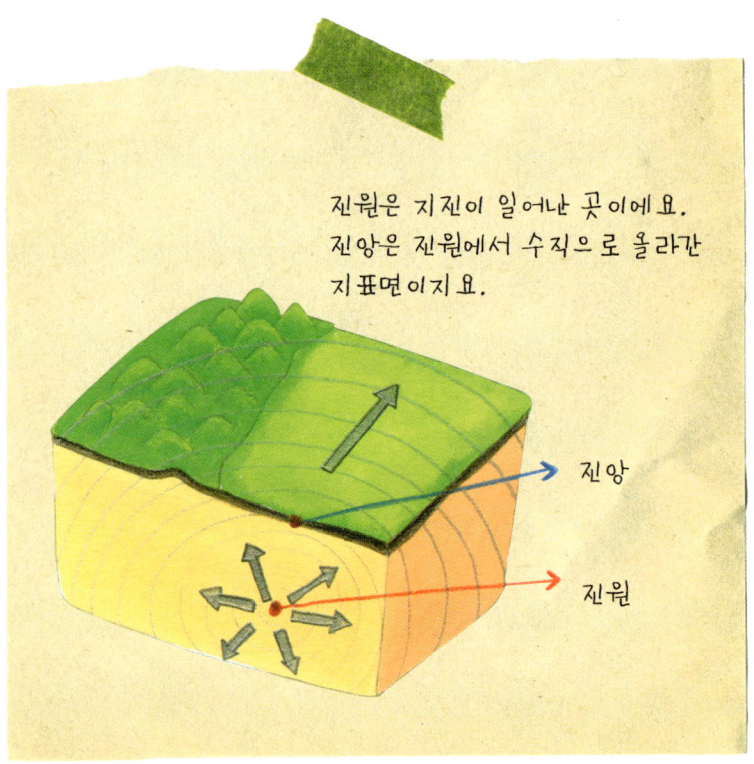

면 새미 누나는 정말 엉뚱한 것 같아.

"만약 우리가 사는 곳 가까이에 진앙이 있다면 땅이 더 심하게 흔들린답니다. 지진이 발생한 지하의 바로 위 지표면을 진앙이라고 해요. 진앙지가 인구가 많은 도시 인근일 경우 피해가 훨씬 더 심각해지죠."

"지질학자들은 진앙이 어디인지 어떻게 알아, 누나?"

"그런 기특한 질문을 다 하다니! 사이먼, 보기보다 똑똑한데?"

누나가 내 머리를 쓰다듬었어.

"지구 상에는 지진계가 수도 없이 많단다. 아마 몇천 개, 아니 몇만 개는 될 거야. 지질학자들은 그 지진계를 보면서 서로 힘을 합쳐 연구하고 있어. 지진이 발생하면 진앙의 위치를 밝히기 위해 서로 재빨리 정보를 교환한단다."

"그렇구나, 이제 좀 알 것 같아."

"지진이 일어나면 땅의 진동이 지진파의 형태로 땅속으로 퍼져 나가게 돼. 물론 진앙에서 지진파가 시작된단다. 잔잔한 호수에 돌을 던지면 물결이 동그랗게 퍼져 나가지?

그것과 비슷한 원리라고 생각하면 돼."

나는 고개를 끄덕였어. 머릿속에 지진파가 그려지는 것 같았지.

"지진파의 종류는 세 가지야. 모두 움직임이 약간씩 다

사이먼의 노트

지진파

지진파란 지진에 의한 진동이에요. 지진계를 이용하여 지진파를 측정한다는 걸 우린 이미 배웠어요.
지진이 일어나면 P파와 S파라는 지진파가 일어나요. 지진계로 살펴보면 어떤 게 P파이고 어떤 게 S파인지 알 수 있지요.

지진파에 의한 기록

P파   S파

르단다. 우선 P파는 다른 말로 압축파, 종파라고 해. 지구의 지각을 따라 1초에 7.8킬로미터나 이동하는데, 어디든 통과할 수 있어. 심지어 지구의 핵까지 말이야. P파는 수평으로 움직인단다. S파는 다른 말로 전단파, 횡파라고 해.

사이먼의 노트

지진파는 어떤 물질을 통과하느냐에 따라 속력이 달라져요. P파는 고체, 액체, 기체를 모두 통과하고, S파는 고체만 통과해요. 그래서 P파가 S파보다 속력이 빠르지요.

또 지진파는 돌에서 물을 지날 때, 또는 같은 돌이라도 종류가 다른 돌을 지날 때 반사하거나 방향이 바뀌어요.

〈지진파의 전파〉

P파
지진파의 진행 방향 ⇨
⇦ 진동의 방향

S파
지진파의 진행 방향 ⇨
진동의 방향

속도는 1초에 약 4킬로미터로 P파보다는 느리고 수직으로 움직여. 마지막으로 L파가 있어. 표면파라고도 하는데, 속도가 가장 느리지. 하지만 지구 표면을 따라 이동하기 때문에 가장 피해를 많이 일으키는 지진파야."

누나는 쉬지도 않고 계속 설명해 주었어. 지진의 세계는 복잡하지만 정말 재밌어!

"지질학자들은 지진계를 통해 이런 지진파를 알아내는 거야. 파와 파 사이에 기록되는 시간과 지진파가 어디를 따라 움직이는지 유심히 살펴보면, 지진이 어디에서 시작되었는지도 알 수 있지."

누나의 긴 설명이 잠깐 멈춘 사이, 아빠가 커피를 들고 오셨어.

"그럼 리히터 규모 말고 지진 측정에 사용되는 다른 기준은 없는 거냐?"

"왜요, 다른 것들도 있어요."

누나가 커피를 마시며 대답했어.

"진도라는 기준을 쓰기도 해요. 지진이 얼마나 컸는지,

어떤 피해가 생겼는지 과학자들이 눈으로 직접 파악하는 방법이에요. 지진의 세기를 판정하기 위해 지역 사람들에게 설문 조사를 하기도 한답니다. 이 방법은 기계가 필요 없어서 과거에 일어난 지진들의 세기도 측정할 수 있어요. 진도에서 지진의 세기를 나타낼 때는 로마 숫자 I, II, ……, XII를 써요."

"휴, 나는 듣는 것만으로도 숨이 차는데?"

엄마가 고개를 절레절레 저었어.

"할머니가 졸리신가 보다. 그리고 새미도 너무 열심히 설명해 준 것 같으니 이제 그만하는 게 어떠니?"

"그리고 이제 조금 있으면 월드시리즈 경기가 시작할 것 같은데……."

타자처럼 야구 방망이를 휘두르는 시늉을 하면서 아빠가 불쑥 나타나셨어. 나는 손을 동그랗게 쥐고 아빠를 향해 공을 던지는 시늉을 했어. 그리고 부리나케 달려가서 텔레비전을 켰어.

이겨라, 자이언츠! 파이팅!

5장 두 번째 지진

"그런데 얘들아, 어딘가 이상해.
무엇인지 자꾸 나에게 말을 하는구나.
이제 떠나야 할 시간이라고 말이야.
내 생각엔 죽은 루이스 같아."

1989년 10월 17일 화요일

상쾌하고 맑은 아침이 시작되었어. 새미 누나는 회의에 참석하러 서둘러 떠났고, 할머니와 나는 가까운 곳으로 산책을 갔어. 우리는 함께 걸으면서 여러 가지 이야기를 나누었단다.

"너는 정말 사랑스러운 아이다. 네가 내 손자라서, 또 이 할머니의 친구가 되어 줘서 얼마나 기쁜지 모르겠다."

나도 그래. 할머니와 함께 있으면 내가 굉장히 특별한 사람처럼 느껴져. 아빠는 할머니가 까다로운 사람이래. 다른 사람하고 있을 때보다 특히 나하고 있을 때 성격이 더 부드러워지신대.

엄마는 할머니가 살아 있는 역사라고 하셨어. 난 그 말이 무슨 뜻인지 알 것 같아. 할머니가 옛날에 있었던 일을 이야기하면, 나도 마치 그곳에 있었던 것처럼 생생한 느낌이 드니까 말이야.

"사이먼, 너는 미래를 향한 열쇠야. 앞으로 내가 죽고 난 뒤 지구가 어떻게 될 것인지 너로 인해 다시 생각해 보게 되었단다."

할머니가 말씀하셨어.

"할머니, 제게 할머니는 과거로 가는 열쇠예요. 할머니 덕분에 제가 태어나기 전에 지구에 어떤 일이 있었는지 관심을 가지게 되었으니까요."

할머니는 웃으시며 내 손을 잡아 주셨어.

"그 말이 마음에 드는구나, 사이먼. 그렇게 말해 줘서 정말 고맙다."

"사이먼, 깜짝 놀랄 선물이 있다."

산책에서 돌아오는 우리를 향해 아빠가 말씀하셨어.

"방금 회사 동료에게서 전화를 받았는데, 나더러 휴가를 더 즐기라고 하지 뭐냐. 그 친구는 가족에게 급한 일이 생겨서 못 간다며 나에게 어떤 경기의 표를 주겠대. 한 장도 아니고 두 장씩이나. 그게 무슨 경기인지 아니? 오늘밤에 여기 캔들스틱 구장에서 열리는 월드시리즈 세 번째 경기야!"

아빠가 무슨 속임수를 쓰려는 건가? 나는 아빠를 뚫어

져라 쳐다보았어. 하지만 이런 문제로 장난을 치실 분은 아니야. 월드시리즈에 간다는 건 우리의 꿈이 실현되는 것과 같으니까.

"야호, 신 난다!"

나는 스프링 인형처럼 환호성을 지르며 사방으로 팔짝팔짝 뛰어다녔어. 한참 뒤에야 겨우 진정한 나는 아빠에게 기쁨의 커브 볼을 날렸단다. 아빠는 방망이를 휘둘러서 내 공을 멀리 야구장 밖으로 날려 버리는 시늉을 했어.

"그런데 말이지, 그 동료의 집까지 가서 표를 받아 와야 해. 여기서 차로 한 시간 반이나 걸리는 곳이란다. 얼른 아침을 먹고 짐을 챙기자. 회사 동료들 중에 이 사실을 알고 자기 집을 내놓고서라도 표를 얻으려는 사람이 나타날지도 모르니까."

우리는 부리나케 아침을 먹고 짐을 쌌어. 그런데 차를 타자마자 좀 이상한 기분이 들었어. 야구 경기를 완전히 잊어버릴 정도로 자꾸 찜찜한 생각이 들더라고.

우선, 아침엔 시원했던 날씨가 갑자기 후덥지근하게 변

한 게 이상했어. 10월 날씨치곤 너무 더웠지. 아침엔 뭔가 활기찬 기분이 들어야 하는데 주변이 이상할 정도로 썰렁했어. 그런데도 아빠는 샌프란시스코를 탐험하기에 딱 좋은 징조래. 멋진 경기에 걸맞은 멋진 날이라는 거야. 하지만 할머니는 나처럼 어딘가 기분이 좋지 않아 보였어.

시간이 갈수록 할머니가 더 불편해하셨어. 우리는 바다가 보이는 곳에 차를 잠시 세우고 쉬기로 했지. 그래도 할머니는 여전히 창백했어.

"할머니, 괜찮으세요?"

난 할머니가 무척 걱정이 되더라고. 할머니는 너무 늙으셨고, 출발할 때부터 이번 여행이 힘들지 않을까 염려를 많이 하셨거든.

하지만 할머니는 건강해서 괜찮다며 나를 안심시키셨어.

"그런데 얘들아, 어딘가 이상해. 무엇인지 자꾸 나에게 말을 하는구나. 이제 떠나야 할 시간이라고 말이야. 내 생각엔 죽은 루이스 같아. 우리더러 빨리 여기를 떠나라고 말하고 있어."

할머니가 말씀하셨어.

"어머니, 왜 그렇게 바보 같은 말씀을 하세요?"

아빠의 말에 할머니는 버럭 화를 냈어. 엄마는 할머니를 진정시키려고 했지만 할머니는 계속 노발대발이셨단다. 아빠는 할머니가 로스앤젤레스로 돌아갈 수 있도록 비행기를 태워 드리자는 말까지 했어. 그 말 때문에 이번에는 아빠와 엄마 사이에 불꽃이 튀었어.

나는 차에서 내려서 조금 걸으면서 이런 생각을 했어.

'우리가 여기 샌프란시스코에 온 목적이 뭐였지? 물론 할머니를 위해서야. 야구 게임은 처음부터 상상도 안 했던 뜻밖의 보너스 같은 거야. 할머니도 월드시리즈 경기가 얼마나 중요한지 알고 계셔. 그런데도 여기를 떠나자고 하는 걸 보면, 지금 화가 정말 많이 나신 거야.'

내가 차로 돌아갈 때까지도 엄마 아빠는 계속 싸우고 계셨어. 나는 내가 생각한 것을 말씀드렸지. 월드시리즈는 앞으로도 얼마든지 볼 수 있다고. 그러니까 할머니 말씀대로 빨리 여기를 떠나자고 말이야. 그래서 1989년 10월 17

일 이른 오후, 우리는 샌프란시스코를 떠나 로스앤젤레스로 향했단다.

할머니는 주무셨고, 우리들은 차 안에서 아무 말도 안 했어. 할머니는 진정되었지만 많이 지치신 것 같았어. 아빠도 화가 많이 났는지 차를 거칠게 운전하셨어. 엄마는 아빠와 말하기 싫은지 창밖만 계속 내다보셨고 말이야.

나는 혼자 깊은 생각에 빠졌어. 그때 갑자기 할머니가 화들짝 놀라며 잠에서 깨셨어. 그러더니 온몸을 부들부들 떠시는 거야.

잠시 후 음악이 뚝 그치더니 라디오에서 긴급 뉴스가 나오기 시작했어. 샌프란시스코에 대지진이 일어났대! 아빠는 급히 브레이크를 밟아서 차를 세웠어. 우리는 한참 동안 서로를 쳐다보다가 팔을 활짝 내밀어 서로를 꼭 껴안았단다.

1989년 10월 17일 현지 시각 오후 5시 4분, 로마 프리에타 지진이 샌프란시스코를 강타했어. 리히터 규모 7.1

의 엄청난 지진이 15초 동안 계속되었다고 해. 진앙은 산타크루스 타운 근처. 그곳은 산안드레아스 단층대를 따라 샌프란시스코에서 남쪽으로 80킬로미터쯤 떨어진 곳이야. 샌프란시스코에서 160킬로미터 안에 있는 모든 지역이 심각한 피해를 입었다고 해.

총 55명 사망. 다친 사람은 3,750명이 넘었대. 그중 42명은 니미츠 고속 도로가 붕괴되어 아래를 지나던 차들을 덮치는 바람에 목숨을 잃은 사람들이야. 뉴스를 보니 샌프란시스코와 오클랜드를 잇는 다리의 상판이 15미터가량 아래로 떨어지는 바람에 한 사람이 목숨을 잃고 자동차 두 대가 다리 아래로 추락하는 사고가 발생했대.

1906년 대지진이 끝났을 때 샌프란시스코는 불도저를 사용해서 붕괴된 건물의 잔해들을 샌프란시스코 해변으로 옮겼단다. 그리고 그것으로 커다란 간척지를 만들었어. 하지만 사람들이 인공으로 만든 땅이니 아주 불안정했지. 그리고 다시 로마 프리에타 지진이 일어났으니 어떻게 되었겠니? 간척지 위에 세워졌던 많은 빌딩들이 무너졌고 간척

사이먼의 노트

지진대

지진대란 지진이 자주 일어나는 띠 모양의 지역이에요. 지구에는 지진이 자주 일어나는 지역이 있어요. 환태평양 지진대, 알프스 지진대 등이지요.

일본, 타이완, 터키, 멕시코 등은 지진대에 있는 나라들이에요. 그래서 지진이 자주 일어나지요.

큰 지진들은 주로 태평양 연안, 지중해, 히말라야 산맥 부근 등에서 자주 발생하고 있어요.

또 한 가지 특이한 것은, 지진이 일어나는 지역과 화산이 있는 지역이 거의 일치한다는 점이에요.

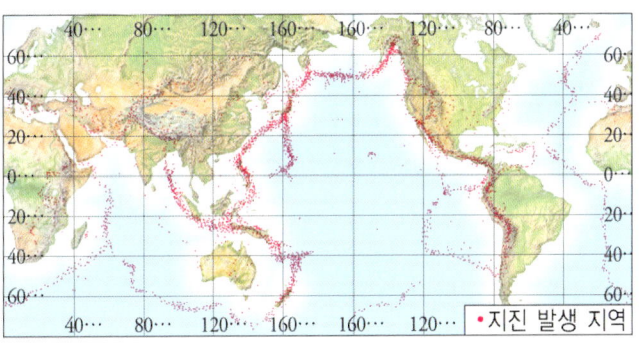

세계의 지진대

지도 파괴돼 버리고 말았어.

　로마 프리에타 지진이 일어난 때는 초저녁 교통량이 가장 많은 시간이었단다. 보통 때였다면 니미츠 고속 도로에 차들이 빽빽했을 거야. 알지? 아까 말했던, 지진으로 무너진 그 고속 도로 말이야. 그런데 놀랍게도 월드시리즈 게임이 열리는 날 지진이 일어난 거야. 자이언츠와 오클랜드 애슬레틱스는 둘 다 샌프란시스코 연안 지역의 메이저 리그 팀이라 모두들 그 경기만 기다리고 있었지. 지진은 경기가 시작하기 바로 전에 일어났어. 하지만 사람들은 그 경기를 보려고 다들 일찍 퇴근한 뒤였지. 그래서 고속 도로에서 다친 사람이 적었던 거야.

　지진 때문에 도시 곳곳에서 커다란 화재도 발생했어. 하지만 수도관이 터지는 바람에 불을 제대로 끌 수가 없었지. 그래서 소방 호스를 샌프란시스코 만까지 가지고 가서 펌프로 물을 끌어 올려서 불을 껐다고 해. 시민들이 모두 나와서 거리를 지나가는 소방 호스를 운반했다고 하니, 정말 대단하지? 거기다 샌프란시스코 전체에 전기가 끊겨서 사람들은 며칠 동안 깜깜한 암흑 속에 있어야 했대.

로마 프리에타 지진 때문에 60억 달러의 재산 피해가 났어. 미국 역사상 피해가 가장 심한 자연재해로 기록되었다고 하니 지진의 위력이 얼마나 컸는지 알겠지? 로마 프리에타 지진은 1906년 샌프란시스코 지진 이후 산안드레아스 단층대를 따라 일어난 가장 거대한 지진으로 기록되었단다.

찰스 프랜시스 리히터
(Charles Francis Richter)
1900~1985, 미국의 지진학자. 베노 구텐베르크와 함께 지진 에너지를 연구했고, 리히터 지진계를 개발했다.

리히터가 들려주는 지진 이야기

우리가 사는 세상에는 위험한 자연재해가 많지만, 지진도 엄청나게 무서운 자연 현상이란다. 지진이 한번 일어나면 수많은 사람들이 죽거나 다치고, 건물과 도로가 무너지면서 막대한 재산 피해가 생겨. 지난 수세기 동안 지진 때문에 수백만 명이 피해를 입었으니까.

20세기 초부터 사람들은 지진에 대해 적극적으로 연구하기 시작했어. 지진에 대해 잘 알아야 피해를 줄일 수 있으니까. 지구에서는 일 년에 백만 번도 넘게 지진이 일어나고 있어.

지진은 화산 활동이나 판이 움직이면서 갑자기 발생해. 판이 움직이다가 새로운 곳에 자리를 잡으려고 할 때 큰 충격이 생기면서 부르르 떨어. 이럴 때 지진파가 발생하는 거야.

지진이 자주 일어나는 지역에서 지진의 피해를 줄이려면 지진계로 계속해서 땅의 움직임을 예측하는 것이 가장 중요해. 또 동물들의 행동을 주의 깊게 관찰하는 것도 큰 도움이 된단다. 동물들은 사람보다 지진에 더 민감하고 빨리 반응하기 때문이지.

대한민국은 지진으로부터 안전할까?

오늘날까지 대한민국에서 약 2,500회 정도의 지진이 발생한 것으로 추정돼. 이웃 나라 일본에 비하면 피해가 심하진 않지만, 지진으로부터 안전하다고 말할 수도 없어.

대한민국은 판과 판이 만나는 지진 다발 지역에 위치한 것은 아니지만, 또 다른 지진의 원인인 판내 지진의 발생 위험에 노출되어 있거든.

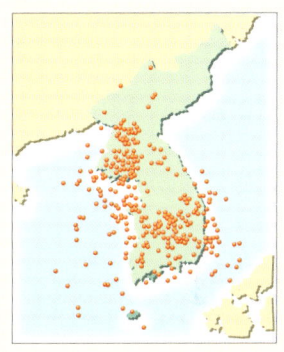

우리나라 지진 지역

실제로 1978년 충남 홍성에서 리히터 규모 5.0의 강진이 발생해서 땅이 갈라지고 집이 부서지고 유리창이 깨지는 피해를 입었고, 1996년 영월에서 리히터 규모 4.5의 중진이 일어나기도 했단다.

이에 따라 대한민국도 지진의 피해를 최소화하도록 철저히 대비해야 해. 오랜 기간 동안 지진의 피해를 받아 온 일본의 경우 건물을 지을 때 내진 설계를 의무적으로 적용하는 등의 치밀한 준비를 했는데도 상당한 피해를 입고 있다는 점을 생각할 때, 일본에 비해 지진에 대비한 노력이 상대적으로 뒤진 대한민국에서 강진이 발생할 경우 그 피해 규모는 상상을 초월할 것으로 예상되거든.

지층을 휘어지게 해 볼까?

자갈이나 모래, 진흙 등이 쌓여서 층을 이루고 있는 것을 지층이라고 해. 지층은 여러 개의 층이 시루떡이나 샌드위치처럼 겹겹이 쌓여 있어. 그런데 지층은 우리가 모르는 사이에 휘어지기도 하지. 지층이 어떻게 휘어지는지 알아보자.

준비물 식빵 여러 장

① 식빵 여러 장을 가지런히 쌓는다. 이렇게 쌓인 식빵을 지층이라고 하자.
② 식빵을 양쪽에서 힘을 주어 천천히 민다.

실험 결과
식빵 뭉치가 휘어지면서 가운데가 불룩하게 올라온다.
양쪽 끝은 오목하게 내려간다.
힘을 주면 줄수록 더 심하게 휘어진다.

지진을 일으켜 볼까?

지진은 지층이 갈라지거나 어긋나기 때문에 일어나는 거야. 지진이 어떻게 일어나는지 실험해 보자.

준비물 스티로폼 두 개

① 스티로폼 두 개를 겹쳐 놓고 양쪽 손에 쥔다. 이 스티로폼이 지층이다.
② 스티로폼에 위아래 또는 앞뒤로 힘을 가한다.

실험 결과
스티로폼에 위아래 또는 앞뒤로 힘을 가하면 스티로폼(지층)이 끊어지면서 단층이 만들어진다.

지진은 왜 일어나는 것일까?
스티로폼이 어긋나는 것처럼 지층은 끊임없이 힘을 받고 있어. 이 힘 때문에 지층이 어긋나면서 갈라지는 것을 '단층'이라고 해. 그리고 단층 운동이 일어나면서 생기는 경계선을 '단층선'이라고 하지. 지진은 바로 이 단층선을 따라 주로 일어난단다. 지표면은 여러 개의 판으로 나뉘어 움직이고 있어. 그러나 모든 곳이 똑같은 힘을 받지는 않아. 특히 판과 판이 만나는 곳에 더 많은 힘이 작용하지. 판들은 맨틀 위를 떠다니면서 서로 부딪치기도 하고, 갈라지기도 해. 그러면서 땅이 흔들리고 지진이 일어나는 거야.

동화로 공부하는 과학 사이언스 아이

사이언스 아이는 어린이를 위한 신개념 과학 읽기 프로그램입니다.
단순히 지식을 전달하는 것이 아닌 '과학의 눈'을 틔워 줌으로써
어린이들이 던지는 사소한 질문과 작은 호기심을 예리한 통찰력으로 키워 줍니다.
36가지의 개성 있고 재미있는 이야기를 통해 다양한 문학적 감동과 더불어
평범한 일상 속에서 과학 원리를 발견하는 기쁨을 느껴 보세요.

사이언스 아이 시리즈(전 36권)

	권	책 제목	영역	분야	과학 교과
1단계	01	지붕 위에 농장이 생겼어요!	지구	토양	개정 4-1. 2. 지표의 변화 3-2. 5. 여러 가지 돌과 흙
	02	해적을 쫓아낸 달	우주	달과 조석	3-2. 3. 지구와 달
	03	멋쟁이 코미디언 담비	생물	동물	개정 3-2. 2. 동물의 세계 4-2. 1. 동물의 생김새
	04	춤추는 지하 세계	지구	지진	개정 4-2. 4. 화산과 지진
	05	달팽이 괴물 행성	환경	재활용	5-2. 1. 환경과 생물
	06	투명인간이 되고 말 거야!	물리	빛	개정 3-2. 4. 빛과 그림자 3-2. 2. 빛의 나아감
	07	내 친구 플롯샘의 비밀	지구	위도와 경도	4-1. 9. 별자리를 찾아서 5-2. 7. 태양의 가족
	08	에이미를 막아라!	지구	열대성 저기압	3-1. 5. 날씨와 우리 생활 5-1. 3. 기온과 바람
	09	뚱땡이 유바의 무한 도전	인체	인체의 기관	개정 5-2. 1. 우리의 몸
	10	물방울이 된 루디	지구	물의 순환	5-1. 8. 물의 여행
	11	로봇들의 대반란	물리	전기 회로	개정 5-1. 2. 전기 회로 4-1. 3. 전구에 불 켜기
	12	나무 왕국의 전설	생물	식물	개정 4-1. 3. 식물의 한살이 개정 5-1. 3. 식물의 구조와 기능
	13	아빠는 쓰레기 연구 중	환경	극지방 생태계	개정 6-1. 4. 생태계와 환경 5-2. 1. 환경과 생물
	14	자석 인간 마티	물리	자기와 자석	개정 6-1. 5. 자기장 6-1. 7. 전자석
	15	농구 스타가 된 이사벨라	물리	위치·운동 에너지	개정 6-2. 3. 에너지 5-2. 8. 에너지

16	아찔한 우주 비행사 시험	우주	태양계	개정 5-2. 4. 태양계와 별 5-2. 7. 태양의 가족
17	좌충우돌 암석 대모험	지구	암석과 화산	개정 4-2. 4. 화산과 지진 5-2. 4. 화산과 암석
18	사막 대격돌	환경	사막 생태계	개정 6-1. 4. 생태계와 환경 5-2. 1. 환경과 생물
19	조나단의 아슬아슬 몸속 여행	인체	혈액 순환	개정 5-2. 1. 우리의 몸 6-1. 3. 우리 몸의 생김새
20	폼페이의 마지막 시간	지구	화산	5-2. 4. 화산과 암석
21	우리 집을 지켜라!	물리	열의 이동	개정 6-2. 4. 연소와 소화
22	구름 만드는 아줌마	지구	날씨와 바람	개정 6-2. 1. 날씨의 변화 5-1. 3. 기온과 바람
23	야단법석 캠핑 대소동	물리	에너지	개정 6-2. 3. 에너지
24	마법의 덤불	생물	유전	중3. 8. 유전과 진화
25	2층에 사는 수상한 아저씨	물리	소리와 파동	개정 6-2. 3. 에너지
26	무인도 탈출 대작전	물리	도르래와 지레	6-2. 6. 편리한 도구
27	아마존의 위험한 미행	환경	열대 우림 생태계	개정 6-1. 4. 생태계와 환경
28	놀이동산에서 뉴턴 찾기	물리	힘과 운동	개정 5-2. 2. 물체의 속력 개정 중1. 2. 힘과 운동
29	모르코스와의 약속	물리	화석 연료	개정 6-2. 3. 에너지
30	마지막 파도	지구	파도와 바람	개정 6-2. 1. 날씨의 변화
31	갈릴레오를 만난 소년	지구	망원경과 빛	5-1. 1. 거울과 렌즈 5-2. 7. 태양의 가족
32	사라진 마을 미스티 피크	인체	자극과 반응	6-1. 3. 우리 몸의 생김새 중2. 5. 자극과 반응
33	화석이 맺어 준 우정	지구	화석	개정 4-2. 2. 지층과 화석
34	엉망진창 퀴즈 쇼	생물	생물 분류	개정 5-1. 4. 작은 생물의 세계 6-1. 5. 주변의 생물
35	쌍둥이 지구를 구하라!	환경	환경과 생물	개정 6-1. 4. 생태계와 환경 5-2. 1. 환경과 생물
36	태양을 살려라!	우주	태양	개정 5-2. 4. 태양계와 별

2단계

3단계

글 | 맥밀란교육연구소
맥밀란교육연구소는 160여 년의 역사를 자랑하는 맥밀란출판그룹의 부설 연구소로 전 세계 시장을 대상으로 학습 교재류를 개발해 왔습니다. 맥밀란교육연구소가 심혈을 기울여 개발한 〈사이언스 아이〉 시리즈는 동화를 통해 과학을 공부하는 과학 교육 프로그램입니다. 미국, 오스트레일리아, 뉴질랜드의 대학 및 과학 교육연구소의 전문가들이 직접 학습 프로그램을 설계하고 내용을 감수했으며, 세계 시장을 겨냥하여 10여 개국의 작가들이 이야기를 썼습니다. 〈사이언스 아이〉는 본격적인 출간에 앞서 뉴질랜드의 초등학교에서 시범적으로 사용하여 교육적 효과를 검증했고, 교사와 전문가들의 극찬에 힘입어 미국, 오스트레일리아, 뉴질랜드 등 영어권 나라의 2,000여 개 초등학교에서 과학 교재로 활용하고 있습니다.

그림 | 오승원
그린 책으로 《달걀만 한 씨앗》 《동물농장》 《지식은 힘-공룡 101가지 이야기》 《동굴탐험》 《백설 공주 배가 불룩》 《겨울이야기》 등이 있습니다.

옮김 | 최수희
성균관대학교 번역대학원을 졸업했습니다. 옮긴 책으로는 《그 많던 공룡은 다 어디로 갔을까?》 외 다수가 있습니다.

감수 | 권홍진
서울대학교 지구과학교육과 석사, 서울대학교 과학교육과 박사를 수료했습니다. 퇴계원고등학교에 재직했으며, 현재 경기도과학교육원 연구원 및 경기과학체험학습연구회 회장을 맡고 있습니다.

감수 | 박호준
전북대학교 생물교육과를 졸업했으며, 현재 경기북과학고등학교에 재직 중입니다. 학생탐구올림픽 출제위원, 고등학교 과학교사 연수강사, 영재교육원 강사 등을 역임했습니다.